DAJANA NEZIRI

BETEJA IME ME ANKTHIN DHE ÇRREGULLIMIN E PANIKUT

"Përballje me errësirën: Rrëfimi i një lufte të heshtur për shpëtim."

First published by Dajana Neziri 2025

First edition

This book was professionally typeset on Reedsy.
Find out more at reedsy.com

Për ata që luftojnë me stuhi të padukshme, që ngrihen çdo ditë me peshën e frikës, por vazhdojnë të ecin përpara. Për ata që ndihen të vetmuar në një botë plot zhurmë, që përballen me demonët e tyre kur askush nuk po sheh. Ju nuk jeni të thyer, nuk jeni të dobët – jeni luftëtarë.

Ky libër është për ju, për netët pa gjumë, për betejat e padukshme dhe për guximin që gjeni në çdo frymëmarrje. Kjo betejë mund të fitohet. Dhe ju nuk jeni vetëm.

Me dashuri: Dajana Neziri

"Nuk është frika ajo që na ndal, por besimi se nuk mund ta mposhtim atë. Në errësirën e ankthit, edhe një shkëndijë shprese është e mjaftueshme për të gjetur rrugën drejt dritës."

— Dajana Neziri

Përmbajtje

Parathënie

Kur përballesh me ankthin dhe çrregullimet e tjera të padukshme, bota duket tërësisht e ndryshme. Është si të jesh në një udhëtim ku çdo hap është i pasigurt, ku çdo frymëmarrje të lë të dyshosh nëse do të mund të vazhdosh më tej. Ky libër është rrëfimi im për këtë udhëtim. Një rrëfim i dhimbshëm, por gjithashtu i mbushur me shpresë dhe guxim.

Për shumë kohe, ankthi ishte një shoqërues i padëshiruar që më shoqëronte kudo. Ai ndryshoi mënyrën si shihja botën, dhe më shumë se një herë, më bëri të dyshoja nëse do t'ia dilja dot. Por me kalimin e kohës, mësova që ankthi nuk është një fund. Është një betejë, një luftë që mund të fitohet, dhe këtë dëshiroj ta ndaj me të gjithë ata që po kalojnë po të njëjtën përvojë.

Ky libër është një dëshmi e mundësisë për t'u rimëkëmbur, për t'u ngjitur përsëri pas çdo rënjeje. Ai është një thirrje për ata që ndihen të humbur, për ata që menduan se do të dorëzoheshin, por që vazhduan të ecin përpara. **Për çdo luftëtar të padukshëm, ky libër është për ju.**

Në çdo fjalë të këtij libri, ndodhet një copëz shprese, një dritë që mund të ndizet edhe kur duket se gjithçka është e errët. **Sepse, në fund, është lufta që bëhet e mundur që të fitohet, dhe ju nuk jeni vetëm.**

Falenderime

Ky libër është rezultat i një udhëtimi të gjatë dhe shpeshherë të vështirë. Do të doja të shpreha mirënjohjen time të thellë ndaj disa individëve që kanë qenë krah për krah me mua gjatë kësaj rrugëtimi.

Në radhë të parë, dua të falenderoj bashkëshortin tim, që ka qenë gjithmonë aty për mua, duke më mbështetur, inkurajuar dhe dashur pa kushte, edhe kur kam pasur vështirësi për të dashuruar veten. Ai është drita ime në errësirë, dhe pa të ky libër nuk do të ishte i mundur.

Faleminderit familjes time, që ka qenë gjithmonë një burim force dhe mbështetjeje të palëkundur. Ata më ndihmuan të kuptoj se, edhe në momentet më të vështira, dashuria dhe mbështetja e tyre ishin gjithmonë aty për të më ngritur përsëri.

Një falenderim i veçantë shkon për miqtë e mi të afërt dhe kolegët, që kanë ndarë me mua ngjarjet e jetës, të bukura dhe të vështira, dhe që kanë qenë dëshmitarë të betejës time me ankthin dhe çrregullimet që shoqërojnë jetën time. Fjalët e tyre të mbështetjes dhe ngushëllimit kanë qenë një burim forcë që më ka shtyrë të vazhdoj të shkruaj dhe të ndaj historinë time.

Faleminderit gjithashtu terapistëve dhe profesionistëve që më kanë udhëzuar gjatë gjithë këtij udhëtimi. Pa ndihmën dhe dijen e tyre, unë nuk do të kisha arritur të kuptoja dhe të përballesha me ankthin dhe frikën që kam përjetuar.

Për të gjithë ata që luftojnë me ankthin, depresionin, OCD-në dhe çrregullime të tjera të padukshme – ky libër është për ju. Ju nuk jeni vetëm, dhe shpresoj që ky rrëfim të jetë një dritë që ju udhëzon përpara në betejën tuaj personale.

Përfundimisht, faleminderit çdo lexuesi që merr këtë libër në duar. Shpresoj se historia ime mund të ndihmojë, frymëzojë dhe ofrojë shpresë.

Prolog

Nata kishte rënë mbi qytetin që nuk flinte kurrë. Dritat e neonit ndriçonin rrugët e New York-ut, ndërsa njerëzit vazhdonin jetën e tyre, të pandërgjegjshëm për furtunën që po ndodhte brenda meje. Zemra më rrihte fort, trupi më dridhej dhe çdo frymëmarrje më dukej sikur do të ishte e fundit. Në atë moment, besova se po vdisja.

Isha ulur në një kafene me kolegët, duke biseduar për lajmet e fundit, kur një rrëfim për një vrasës serial më shkaktoi një ndjenjë të papritur frike. Një ndjenjë e pashpjegueshme më përfshiu, si një valë e ftohtë që më pushtoi nga brenda. U mundova të mbledh veten, por ishte e pamundur. U ngrita, duke u larguar me hapa të pasigurt, dhe nisa të ndiej se po humbisja kontrollin mbi gjithçka.

Në ato çaste, jeta ime ndryshoi përgjithmonë. Nga një grua e sigurt dhe plot ëndrra, u shndërrova në dikë që jetonte nën hijen e frikës. Frika që më mbërtheu atë ditë nuk ishte një ndjenjë e përkohshme – ajo u bë pjesë e përditshmërisë sime, më burgosi në një botë ku realiteti dhe ankthi u përzien në një mjegull të vazhdueshme.

Ky libër është dëshmia ime për atë betejë. Është historia e një gruaje që luftoi me demonët e saj të padukshëm, që u përball me ankthin dhe panikun, por që nuk u dorëzua. Sepse ankthi nuk është fundi – është vetëm një betejë që duhet fituar.

Hyrja

Ne besojmë se kemi kontroll mbi jetën tonë, derisa një moment na rrëzon dhe asgjë nuk duket më e njëjtë. Ky libër është rrëfimi im – një betejë e papritur me ankthin dhe panikun, një udhëtim nga frika e paralizueshme drejt shpresës.

Një ditë gushti, kur çdo gjë duhej të ishte e lumtur, gjithçka ndryshoi. Një bisedë e zakonshme mbi një krim në New York më hodhi në një gjendje të pashpjegueshme paniku. Trupi m'u drodh, zemra më rrahu fort, dhe një frikë e pakuptueshme më pushtoi. **Po vdisja.** Ose kështu mendova. Ika në spital, por askush nuk më tregoi të vërtetën – që ishte një atak paniku. U largova më e trembur se kurrë.

Ajo ditë ishte fillimi i një lufte të gjatë. Mendimet u bënë të errëta, të pandalshme. Realiteti u thye. Por nuk u dorëzova. Ky libër është dëshmia ime, një dritë për ata që ndihen të humbur. **Sepse ankthi nuk është fundi. Është një betejë që mund të fitohet.**

KUR JETA TE MERR PAPRITMAS KTHESE

Ishte një ditë e nxehtë gushti, një nga ato ditë që dikur më mbushnin me gëzim dhe padurim. Gushti ishte muaji im i preferuar, muaji i lindjes sime, muaji që gjithmonë më dukej magjik. Por këtë vit, nuk ndihesha njësoj. Nuk ndihesha e qetë.

Këto ditë ishin të mbushura me stres dhe ankth. Bashkëshorti im kishte intervistën për Green Card-ën në New York, një moment vendimtar për jetën tonë. Kjo ishte bërë e mundur përmes martesës sonë, dhe edhe pse gjithçka ishte legjitime, nuk mund ta ndaloja veten nga frika se diçka mund të shkonte keq. Çfarë nëse nuk ia jepnin? Çfarë nëse një detaj i vogël e shkatërronte gjithçka? Kjo pasiguri më kishte shoqëruar gjatë gjithë muajve të fundit, duke më mbajtur të mbërthyer në një gjendje tensioni të vazhdueshëm.

Por atë ditë, më në fund, lajmi erdhi—ai e fitoi Green Card-ën. Ishte një moment që duhej të ishte çlirues. E kisha pritur kaq gjatë. Kishim ëndërruar për këtë ditë, për mundësinë për të udhëtuar të lirë, për të pasur një jetë pa kufizime. Dhe unë i kisha premtuar vetes se, sapo të ndodhte kjo, nuk do të kisha më arsye për ankth. Nuk do të kisha më arsye për frikë.

Por, pavarësisht lajmit të mirë, nuk ndihesha e lirë. Diçka brenda meje nuk po më lejonte të shijoja qetësinë që kisha pritur për kaq kohë. Në vend të lumturisë, ndjeja një boshllëk të çuditshëm, një frikë të pashpjegueshme që më kaplonte çdo natë.

Dhe pastaj, erdhi ajo ditë. Dita që ndryshoi gjithçka.

Ishte një pasdite e zakonshme. Gjatë pushimit të drekës, isha ulur me shoqet e mia të punës në një kafene të vogël pranë zyrës. Po bisedonim për ngjarjet e fundit, për lajmet që qarkullonin nëpër New York.

Njëra prej tyre, me një shprehje të frikshme në fytyrë, tha:

— E keni dëgjuar për arkitektin e njohur? Ai që për vite me radhë ishte një njeri i respektuar?

Të gjithë tundëm kokën.

— Doli që ai ishte një vrasës serial. Kishte vrarë për dekada, dhe askush nuk kishte dyshuar kurrë. Imagjinoni, një njeri kaq i zakonshëm, kaq i suksesshëm, por brenda tij fshihej një përbindësh.

Në atë moment, diçka brenda meje u këput.

Fjalët e saj më goditën si një rrufe. Më mbërtheu një ndjenjë e çuditshme, një valë paniku që më pushtoi gjithë trupin. Një natë më parë, kisha dëgjuar një histori të ngjashme për dikë që kishte qenë pranë vdekjes. Mendimet filluan të më vërsuleshin njëra pas tjetrës, të errëta dhe të shpejta. Po sikur e keqja të ishte kudo? Po sikur unë të isha në rrezik? Po sikur diçka e tmerrshme të më ndodhte?

Dhe pastaj ndodhi.

Zemra filloi të më rrihte çmendurisht. Një ndjesi e çuditshme më përshkoi trupin, sikur po shkëputesha nga realiteti. Ajri u bë më i rëndë, frymëmarrja më u vështirësua. Duart më dridheshin. Përpiqesha të mbaja qetësinë, por nuk mundesha.

Po vdisja?

Më duhej të largohesha. Tani!

— Nuk ndihem mirë, – belbëzova.

— Çfarë ke? Je shumë e zbehtë!

Nuk mund t'i përgjigjesha. Më duhej të ikja.

U ngrita me vështirësi dhe shkova drejt banjës. Hodha ujë të ftohtë në fytyrë, por nuk ndryshoi asgjë. Zemra vazhdonte të më rrihte fort. Trupi im nuk më bindej. Isha këtu, por nuk isha këtu. Një panik më mbërtheu krejtësisht. Po vdes. Kjo është e vërtetë.

Me vështirësi u ktheva tek tavolina, kapa filxhanin me çokollatë të nxehtë dhe me një zë të dobët u thashë shoqeve:

— Duhet të iki. Nuk ndihem mirë. Ju lutem, tregojini supervizorit.

Dola jashtë, ende duke u dridhur. Sapo ndjeva ajrin e ngrohtë të gushtit në fytyrë, mendova se ndoshta do të më ndihmonte. Nuk ndodhi. Me duart që më dridheshin, mora telefonin dhe i thashë bashkëshortit se nuk ndihesha mirë. Pastaj njoftova familjen. Doja të dija që isha ende këtu, që nuk isha duke u larguar përgjithmonë.

Mendova të shkoja në shtëpi, por një frikë më përshkoi. Po sikur të vdisja vetëm në shtëpi? Po sikur askush të mos më ndihmonte?

Duhet të shkoj në spital.

Hipa në një taksi dhe i thashë shoferit adresën e spitalit më të afërt. Zemra ime ende më rrihte fort, mendja më ishte e turbullt. Ishte si një makth nga i cili nuk po zgjohesha dot.

Kur arrita në spital, një infermiere më uli në një karrige në pritje. U ndjeva e padukshme. U ndjeva e braktisur. Po vdes, mendova.

Me sy të lutur, i thashë një infermiereje tjetër: — Ju lutem, më ulni në një shtrat... nuk po marr dot frymë. Më vështroi, e pavendosur. Pastaj pa monitorin e rrahjeve të mia të zemrës. Ishte e shpejtë, tepër e shpejtë. Më shtriu menjëherë në shtrat. Ishte ftohtë. Por as aty nuk gjeta qetësi.

Mbeta vetëm me mendimet e mia. Ndjeva një boshllëk të papërshkrueshëm. Kisha nevojë për një përqafim. Mezi prisja që dikush nga familja të vinte.

Dhe pastaj, ajo erdhi. Motra ime.

Hapi derën me nxitim dhe më kapi dorën. Ishte ai momenti kur u ndjeva sikur u ktheva në jetë. Sikur dikush më nxori nga ai tunel i errët dhe më tregoi që ende kishte dritë.

Pastaj hyri bashkëshorti im. Ai e dinte që nuk isha mirë, por ndoshta nuk e kuptonte përmasën e tmerrit që po përjetoja.

Nuk e kuptoja as vetë. I shkrova shoqes sime të ngushtë. I thashë të më dërgojë një moment të bukur që kishim kaluar bashkë. Doja të kapesha pas diçkaje që më kujtonte se lumturia ekzistonte, që unë dikur isha mirë.

Por nuk ndihmoi. Mendimet nuk ndaleshin. Ky ishte fundi im. Edhe pse ishte një ditë plot diell, unë nuk shihja dritë. Kur dola nga spitali, nuk e dija ku të shkoja. Doja vetëm një gjë: Të shkoja te mamaja. Nuk e dinte çfarë kishte ndodhur me mua. As unë nuk e dija. Doktori nuk më tha asgjë. Nuk më shpjegoi se çfarë kisha kaluar. Vetëm më siguroi që isha "mirë" dhe më la të shkoja. Por unë nuk isha mirë.

Atë natë, në shtëpinë e prindërve, u ndjeva si një person i huaj brenda trupit tim. Mendja ime nuk pushonte. Miliarda mendime më vërsuleshin njëra pas tjetrës, mendime të frikshme, të errëta. Nuk mund të rrija vetëm. Nuk mund të rrija as me të tjerët. Nuk isha më unë.

Dhe lodhja...

Një lodhje e thellë, një lodhje shpirtërore që më bënte të ndihesha sikur nuk mund të ngrihesha më në këmbë. Ishte dita kur humba qetësinë time. Dita kur e kuptova se nuk do të isha më kurrë e njëjta.

Kur Mendja Bëhet Burg

Ishte e martë. Një ditë pushimi nga puna, një mundësi për të marrë frymë larg shifrave, projekteve, dhe ritmit të furishëm të jetës. Ishte një ditë që duhej të ishte ndryshe. Por unë ndihesha e lodhur—jo thjesht fizikisht, por thellësisht, në një mënyrë që nuk mund ta shpjegoja plotësisht. Ishte një lloj lodhjeje që nuk vinte nga pagjumësia apo stresi i përditshëm, por nga diçka më e errët, më e thellë. Një lloj boshllëku që të gllabëron pa zhurmë.

U zgjova, bëra një dush, u vesha. E gjithë rutina e mëngjesit u ndje mekanike, sikur isha duke ndjekur një skenar që e kisha përsëritur qindra herë, por këtë herë pa ndonjë lidhje të vërtetë me të. Bashkëshorti më sugjeroi të dilnim në natyrë, të shkonim tek liqeni pranë shtëpisë—ai vend i qetë ku shpesh rrinim me kafe në dorë, duke biseduar për të ardhmen tonë. Në momente normale, një shëtitje e tillë do të më qetësonte, do të më rikthente në ekuilibër. Por atë ditë, diçka nuk ishte në rregull.

Kur dola jashtë, dielli shkëlqente lart në qiellin e kaltër, por për mua gjithçka ishte e errët. Ishte sikur një re e zezë më kishte mbështjellë kokën dhe nuk më linte të merrja frymë. Nuk po mundesha ta shijoja atë ditë të bukur, nuk po mundesha të ndihesha e lirë nga pesha që më shtypte kraharorin. Pse? Nuk kishte ndodhur asgjë konkrete që ta shpjegonte këtë ndjesi, por mendja ime ishte e mbushur me zhurmë, me një stuhi mendimesh të pakontrollueshme që nuk më linin të isha në paqe.

Mendimet ishin intrusive, të frikshme, të çuditshme. Sikur diçka më kaplonte dhe më detyronte të shihja botën ndryshe—jo siç e shihja më parë, por si një vend kërcënues, ku çdo gjë kishte potencialin të më dëmtonte. Ishte sikur kisha humbur kontrollin mbi mendjen time. Dhe sa më shumë që përpiqesha ta luftoja këtë ndjesi, aq më shumë ajo rritej.

U përpoqa të shpërqendrohesha. Bashkëshorti sugjeroi të merrnim një biçikletë me katër goma për të shëtitur, diçka që gjithmonë e kemi parë si argëtuese. E provova. Por sapo u ula mbi biçikletë, ndjeva sikur bota po shembej mbi mua. Një ndjesi frike e papërshkrueshme më mbërtheu. Zemra më rrihte me shpejtësi marramendëse, gjymtyrët më dridheshin, dhe befas, gjithçka përreth u bë e largët.

Ishte ajo ndjenja e njohur, ajo shkëputja nga realiteti—derealizimi dhe depersonalizimi. Një çarje mes meje dhe botës. Nuk njihja më veten. Ishte sikur po e shikoja trupin tim nga jashtë, si një fantazmë e frikësuar që nuk kishte më kontroll mbi asgjë. Po ndodhte sërish. Po e humbisja veten.

Çfarë po më ndodhte? Pse nuk ndihesha më si unë?

Ishte e pamundur të gjeja përgjigje. Gjithçka që dija ishte se ndihesha e ngecur brenda trupit tim, sikur diçka më kishte zënë rrugën dhe më pengonte të dilja në dritë. Një forcë e panjohur, e errët, që nuk më linte të merrja frymë lirisht. Mendja ime më tradhtonte. Nuk isha më unë.

Në panik, mendja ime kërceu prapa në kohë. Në kujtime të largëta, në një fëmijëri kur gjithçka ishte më e thjeshtë. Ku ishte ajo Dajana që në moshën 10-vjeçare fitoi "Miss Buzëqeshja"? Ku ishte ajo vajzë që bënte të gjithë të qeshnin, që organizonte mbrëmje filmash dhe shpërndante gëzim në çdo cep të shtëpisë? Si kisha përfunduar këtu, e mbyllur në këtë kafaz të frikës dhe pasigurisë?

Dikur, ankthi për mua kishte qenë thjesht një ndjenjë e zakonshme—ajo dridhja e vogël në stomak para një provimi, një shqetësim i lehtë për të ardhmen. Çdo njeri e përjeton atë lloj ankthi. Por ajo që po më ndodhte tani ishte diçka tjetër. Kjo nuk ishte më thjesht ankth. Ishte një stuhi e papërmbajtshme që kishte marrë kontrollin mbi jetën time.

Ataku i panikut kishte hyrë në jetën time pa paralajmërim, si një furtunë që shkatërron çdo gjë përpara. Mendja ime nuk ishte më një strehë e sigurt, por një vend i errët dhe i pabesueshëm. Nuk mund t'i besoja më mendimeve të mia, sepse ato më tradhtonin, më frikësonin, më bënin të ndihesha e huaj për veten time.

Derealizimi... Depersonalizimi & OCD

Në ato momente, brenda trurit tim po zhvillohej një luftë. Ishte sikur dy forca të kundërta po përplaseshin: njëra që më shtynte drejt frikës së pakontrollueshme dhe tjetra që përpiqej të më kthente në realitet.

Kur një person përjeton një atak paniku, trupi i tij hyn në një gjendje emergjence. Mendja e interpreton një situatë të zakonshme si një kërcënim vdekjeprurës dhe aktivizon sistemin nervor simpatik—mekanizmin e mbijetesës që kemi trashëguar nga paraardhësit tanë. Adrenalina derdhet me shpejtësi në gjak, zemra fillon të rrahë më fort, frymëmarrja bëhet e cekët, dhe trupi përgatitet për të luftuar ose për të ikur.

Por në rastin tim, nuk kishte asgjë të dukshme nga e cila mund të ikja. Nuk kishte asnjë rrezik real, vetëm një stuhi mendimesh brenda kokës sime. Kjo ishte e tmerrshme—sepse nuk po luftoja një armik të jashtëm, por një armik të padukshëm, të fshehur brenda meje.

Dhe më e keqja? Sa më shumë përpiqesha ta ndaloja, aq më e fortë bëhej ndjesia.

Derealizimi dhe depersonalizimi ishin kulmi i kësaj lufte. Për ata që nuk e kanë përjetuar kurrë, këto ndjesi janë të vështira për t'u shpjeguar. Ishte sikur kisha humbur kontaktin me realitetin—si një ëndërr e keqe nga e cila nuk mund të zgjohesha. Trupi im më dukej i huaj, sikur nuk ishte më i imi. Rrobat që kisha veshur, duart e mia, tingulli i zërit tim—gjithçka ndihej e largët, sikur po shihja një film për jetën time në vend që ta jetoja atë.

Këto përvoja shpesh shoqërohen me çrregullime të ankthit të rëndë dhe OCD. Truri i një personi me OCD funksionon ndryshe nga ai i një personi pa këtë çrregullim. Studimet tregojnë se disa rajone të trurit, si **korteksi orbitofrontal** dhe **gangliet bazale**, janë tepër aktive. Kjo hiperaktivitet çon në cikle mendimesh obsesive dhe nevojën për të kryer sjellje kompulsive për të ulur ankthin.

Në rastin tim, obsesioni nuk ishte thjesht një mendim kalimtar. Ishte një makth i vazhdueshëm, një zë brenda kokës që përsëriste të njëjtat frikëra pa pushim. "Po sikur të mos dal kurrë nga kjo gjendje? Po sikur të kem humbur arsyen përgjithmonë?" Këto pyetje më vinin në mendje në një cikël të pafund, duke më lënë të rraskapitur.

Kulmi i Panikut

Ndjenja e humbjes së kontrollit arriti pikën më të lartë. Nuk ishte thjesht frikë, por një lloj terrori ekzistencial—një ndjenjë sikur isha buzë një humnere, sikur çdo gjë që kisha njohur më parë po shpërbëhej para syve të mi.

Frymëmarrja ime ishte e cekët, e shpejtë. Sa më shumë që përpiqesha të marrë frymë thellë, aq më shumë ndihesha sikur nuk po merrja mjaftueshëm oksigjen. Kjo vetëm sa e përkeqësonte ndjesinë e mbytjes dhe më bënte të ndihesha edhe më e panikosur.

Mendja ime vazhdonte të më sulmonte me mendime të frikshme. **"Po sikur ky të jetë fundi? Po sikur të kem humbur kontrollin përgjithmonë?"** Këto mendime, që në kushte normale do t'i kisha parë si të pavërteta, tani më dukeshin realitet i pashmangshëm. Në ato momente, logjika dhe arsyeja nuk kishin më fuqi mbi mua. Gjithçka ndjeja ishte panik dhe dëshpërim i pastër.

Bashkëshorti më mbante dorën, duke u përpjekur të më qetësonte. Por unë nuk ndihesha më pjesë e asaj bote. Ishte sikur trupi im ishte fizikisht aty, por mendja ime ndodhej diku tjetër—në një vend të errët dhe të panjohur.

Në atë moment, më përshkoi një mendim edhe më i frikshëm: **"Nuk ka më shpëtim për mua."** Ishte një ndjenjë e thellë e humbjes së shpresës, sikur kjo gjendje do të më mbërthente përgjithmonë dhe nuk do të isha kurrë më e njëjta. Sikur asgjë që bëja nuk kishte kuptim, sikur jeta ime e mëparshme kishte marrë fund.

Ky është një nga aspektet më të frikshme të çrregullimeve të ankthit dhe panikut—ndjenja e pashpresës. Truri i njeriut është i programuar të kërkojë siguri, por kur mendja fillon të besojë se nuk ka rrugëdalje, ndjesia e dëshpërimit bëhet e padurueshme.

Nata Kur Gjumi U Bë Tmerri Im

Terminologjitë që po përshkruaj këtu i kam mësuar në rrugëtimin tim të frikshëm me ankthin dhe sulmet e panikut. Ende sot, kur kthehem pas dhe mendoj për ato netë të errëta, ndiej një dridhje në shpirt. Ishte një periudhë ku çdo ditë përfundonte me boshllëk dhe çdo natë fillonte me terror. Frika më kishte pushtuar, jo vetëm për veten time, por edhe për njerëzit që doja më shumë. Kisha frikë mos lëndoja tim shoq. Kisha frikë mos lëndoja dikë tjetër. Mendimet intruzive ishin aq të errëta dhe aq të forta, saqë më dukej sikur nuk isha më unë.

Natën e parë kuptova diçka: gjumi im ishte shndërruar në një makth të gjallë. Sapo mbyllja sytë, më shumë se katër apo pesë herë gjatë natës, më zgjonin ataket e panikut. Më merrte fryma, ndihesha e mbytur, si të isha në një dhomë pa oksigjen. E uritur për ajër, e pushtuar nga paniku, e përpirë nga frika... më shumë se njëqind herë atë natë mendova se ky ishte fundi im. Nuk do ta harroj kurrë mënyrën se si qaja pa pushim, si trupi im dridhej, si ndieja se gjithçka po shembej mbi mua.

Erdhi mëngjesi dhe më duhej të ngrihesha. Ishte e mërkurë. Nuk kisha forcë as të lëvizja, as të mendoja. Trupi më dukej i paralizuar nga rraskapitja. Duhej të lajmëroja supervizorin tim që isha e sëmurë, që kisha temperaturë—sepse nuk dija çfarë tjetër t'i thoja. Si mund t'i thoja që nuk isha e aftë të punoja, jo nga një grip, por sepse mendja dhe trupi im po lëkundeshin në një stuhi që nuk e kuptoja?

Mora mamanë në telefon, duke qarë. I thashë mes gulçimave: "Mami, më duket ky është fundi im." Vetëm qaja. Burri im, Vasili, ishte pranë meje, duke parë dhimbjen time, duke më mbështjellë me dashurinë e tij të pafundme. Ai nuk më la vetëm asnjë moment. Ishte aty, më mbante dorën, më përqafonte, më siguronte se do të kalonte. Por në ato momente, unë nuk besoja se kishte një dalje nga ky makth.

Ate ditë, vendosëm të shkonim te prindërit e mi. Motra ime, duke parë gjendjen time, më gjeti një psikolog në Manhattan. U kapëm pas kësaj shprese të re. Mbase ai do të më ndihmonte. Mbase më në fund do të merrja një përgjigje, një shpjegim, një rrugëdalje. Por rruga deri atje ishte e tmerrshme.

Gjatë udhëtimit më ndodhën edhe dy-tre atake paniku të tjera. Bërtisja, qaja, nuk ndieja trupin tim. Ishte sikur mendja dhe trupi im po ndaheshin nga njëri-tjetri dhe unë isha e pafuqishme për ta ndalur.

Kur hyra në zyrën e psikologut, mami, motra dhe bashkëshorti im më pritën jashtë. Unë u ula përballë tij dhe fillova të tregoj gjithçka. I thashë se nuk e kuptoja pse ndihesha kështu, pse frika më kishte mbuluar në këtë mënyrë, kur unë kisha një familje dhe një bashkëshort të mrekullueshëm që kujdeseshin për mua. I thashë që më trembnin mendimet e frikshme që më pushtonin, mendime që nuk më përkisnin, që nuk ishin unë. Psikologu nuk foli. Më la të flisja për një orë të tërë, pa më dhënë asnjë përgjigje. Kur dola nga ajo zyrë, nuk isha më mirë. Përkundrazi, qaja edhe më shumë se kur hyra. Nuk gjeta përgjigje. Nuk gjeta qetësi.

Dhe atëherë, mes atij kaosi, vendosa të kërkoj një psikiatër. Nuk mund të vazhdoja kështu. Nuk mund të lejoja që ky makth të më gëlltiste. Dhe pas shumë kërkimesh, e gjeta. Shpëtimtarin tim. Doktor Shimon Schwartz.

Takimi i parë me të ishte si një dritë në fund të tunelit. Pas kaq shumë ditësh të errëta, për herë të parë buzëqesha. Ai më dëgjoi dhe më tha diçka që më preku thellë: "Ti je shumë e zgjuar dhe e ditur. Por po vuan nga një çrregullim ankthi dhe sulme paniku." Dhe pastaj më mësoi diçka që do të ndryshonte gjithçka. Teknika e frymëmarrjes: **merr frymë thellë për 4 sekonda, mbaje për 4 sekonda, dhe nxirre ngadalë për 6 sekonda.** Më mësoi të kontraktoja muskujt për të kontrolluar ankthin. Më sugjeroi të lexoja më shumë për këtë gjendje dhe të ndiqja terapi kognitive-sjellore (CBT).

Kur mbaroi takimi, për herë të parë ndjeva se dikush më kishte kuptuar. I kërkova një takim tjetër pas dy javësh. Nuk doja ta humbisja këtë dritë shprese.

Dy javë më vonë, u ktheva te ai. Ishte një ditë e lodhshme. Ishte një nga ato ditë ku ankthi më kishte rraskapitur. Doktor Schwartz më pa dhe më sugjeroi të filloja një medikament: **Lexapro**, një ilaç jo-varësues që do të ndihmonte në menaxhimin e ankthit dhe sulmeve të panikut. E pranova. Vendosa të nis me një dozë të vogël, 2.5 mg.

Dhe kështu, filloi një kapitull i ri në betejën time. Një kapitull që nuk ishte më vetëm errësirë. Kishte shpresë. Kishte forcë. Kishte një dritë në fund të tunelit, dhe për herë të parë, ndjeva se mund ta arrija.

Rruga e Trupit dhe Mendjes me Lexapro (SSRI): Një Përballje me Ankthin dhe Frikën

Përvoja ime me **Lexapro** filloi si një shpresë – një mundësi që trupi dhe mendja ime do të gjenin një mënyrë për të dalë nga errësira e ankthit që më mbante rob. Por ajo që nuk dija ishte se ky ilaç do të më çonte në një udhëtim që do të më mundonte më shumë se sa do të më ndihmonte në fillim. Nëse përpara merrja veten dhe isha një person që mund të gjeja forcë në momente të vështira, tani, po përballesha me një realitet që po më rrënonte brenda.

Në fillim, kur fillova të merrja **Lexapro**, isha e mbushur me shpresë. Mendoja se do të ishte një hap drejt shërimit, se do të më ndihmonte të largohesha nga pasiguritë dhe dhimbjet e shpeshta që më kishin shoqëruar gjatë periudhës së ankthit. Por pas disa ditësh, ndryshimet u bënë të dukshme, dhe jo në mënyrën që prisja. Trupi dhe mendja ime filluan të reagojnë, dhe ato efekte anësore që kishin mundësinë të më shoqëronin u shfaqën më shpejt se sa mund të kisha menduar. Ishte sikur një tërmet brenda trupit tim – gjithçka po dridhej, dhe unë nuk mund ta kontrolloja më.

Një nga momentet më të tmerrshme që kam përjetuar ishte një ditë udhëtimi me familjen time, kur udhëtuam për në **National Shrine of Our Lady of Consolation** në Ohio. Ishim në makinë për 8 orë, dhe gjatë gjithë kohës mendimet e mia ishin të mbushura me frikë dhe dyshime. Nuk e dija nëse do të isha në gjendje të mbijetoj. Një dhimbje e tmerrshme koke më kaploi dhe ndjeva si të humbisja çdo lidhje me realitetin. Trupi im ndihej i huaj, si një mekanizëm që po luftonte kundër çdo sinjali të dërguar prej tij. E ndjeja që gjithçka po shpërbëhej, dhe gjithçka që doja të bëja ishte të kthehesha dhe të fshihesha nga gjithë ky ankth që më përshkruante.

Në atë moment, mendova se isha në rrezik – frika e humbjes së kontrollit më kaploi. Dija se ishte vetëm një efekt anësor i ilaçit, por nuk mund të ndihesha më e kontrolluar. Frika nga hemorragjia për shkak të ndërveprimeve të mundshme me Advil më bëri të dyshoja për gjithçka që po bëja. E gjitha kjo ishte një luftë e brendshme – një betejë që po zhvillohej në kokën time. Mendimet që kisha qenë gjithmonë të tilla, që përpiqesha të menaxhoja, tani ishin si një shpërthim që nuk mund të kontrolloja dot.

Ajo që më frikësoi më shumë ishte mendimi se po humbisja kontrollin. **Mendimet intrusive** që më sulmonin në çdo moment ishin të pashtypura, të pandalshme. Ndihesha sikur po humbisja identitetin tim, se po bëhesha një tjetër person. Nuk mund të njihja veten time më. Kur shikoja në pasqyrë, isha si një fantazmë që po shihte jetën e saj nga jashtë – e shkatërruar dhe e pafuqishme. Një luftë e brendshme që as vetë nuk e kuptoja, por që më konsumonte gjithçka.

Një nga ndjesitë më të dhimbshme që kam pasur gjatë kësaj periudhe është ndjesia e humbjes së vetvetes. Pse ndodhi kjo? Pse po luftoja me diçka që dukej kaq e panjohur, që ishte e jashtëzakonshme dhe e tmerrshme për mua? Nuk mund të kuptoja pse trupi dhe mendja ime po luftonin kaq shumë, dhe pse gjithçka që ndodhte më dukej si një katastrofë e pashmangshme. Po bëhesha gjithnjë e më e paqartë, më e humbur, dhe çdo ditë ishte një udhëtim në errësirë.

Kjo periudhë e pasigurisë dhe ankthit ka qenë një nga periudhat më të vështira të jetës time. Nuk është vetëm përballja me medikamentin, por me **ankthin dhe sulmet e panikut** që më shoqërojnë çdo ditë. Ajo që është më e tmerrshme është se nuk mund të shpëtoj nga mendimet që më mundojnë. Ato janë të ngulitura në çdo mendim dhe ato më ndalojnë të jem e lirë. Duket sikur trupi dhe mendja ime janë të ndara, sikur ekzistojnë dy realitete – një realitet i frikshëm që më kaplon dhe një tjetër që mundohem ta mbaj të gjallë.

Por, në mes të gjithë këtyre sfidave, është diçka që më ka ndihmuar të shoh dritën: **pranimi i asaj që jam, dhe e kuptuarit që ankthi është një pjesë e natyrshme e jetës sime**. Ndërsa po kaloj këtë periudhë të vështirë, mësoj të menaxhoj dhe të kontrolloj këtë përvojë. Nuk ka ndodhur gjithçka për natën, por çdo ditë që kalon është një hap drejt shërimit. Dhe, edhe pse kam frikë, ka një forcë të brendshme që më ndihmon të shoh atë që kam kaluar dhe të besoj se, një ditë, do të mund të shërohem.

Kur e shoh pas, e kuptoj se kjo përvojë ka qenë një mësim i jashtëzakonshëm. Kam mësuar se sa e rëndësishme është të kujdesesh për veten dhe të kërkosh ndihmë kur je në një moment të vështirë. Dhe, ndoshta, më e rëndësishmja, mësoj se nuk jam vetëm. Po kaloj këtë udhëtim me gjithë sfidat që sjell, dhe, megjithëse shpesh ndihesha e humbur, diçka brenda meje më ka ndihmuar të ec dhe të mbaj sytë të drejtuar drejt dritës.

Çdo ditë është një hap përpara, dhe çdo hap më bën më të fortë. Ky udhëtim i vështirë me **Lexapro** dhe me vetë ankthin tim ka qenë një betejë, por gjithashtu një mundësi për të mësuar se si të jem e fortë, pavarësisht nga frika që më kaplon. E vetmja gjë që mund të them tani është se, ndonëse kjo periudhë ka qenë e errët dhe ka qenë plot sfida, kam besim që çdo gjë do të kalojë.

Në Kërkim të Paqes

Dy javë më parë, ndodhesha në një pikë kthesë, një moment që do ta mbaj mend gjithmonë. Pas panikëve të shumta dhe krizave të ankthit që më kishin pushtuar, isha arritur deri aty sa të përballesha me një formë të agorafobisë, një frikë të vazhdueshme për të dalë nga shtëpia, për të përballuar botën jashtë mureve të ngushta të sigurisë sime. Ata dy javë ishin periudha më të errëta të jetës time, dhe për një moment, gjithçka më dukej se po shkatërrohej. Pas çdo sulmi paniku, çdo shqetësimi të pafund, çdo ditë që kalonte më bënte të ndihem më e brishtë.

Por më 20 gusht 2024, e dija që ishte dita ime. Dita e lindjes sime. Dhe çfarë mund të thosha për këtë ditë? Dita që e prisja me entuziazëm, u shndërrua në një tjetër betejë të brendshme që luftoja me veten. Më shumë se çdo ditë tjetër, ajo ishte një ditë plot ankth. E shihja botën përmes një lente të errët, ku gjithçka dukej e rrezikshme. Çdo gjë që ndodhte rreth meje ishte një kërcënim, dhe frika më mbërthente gjithmonë. Po atë ditë, më shumë se gjithçka tjetër, kisha frikë të dilja jashtë, të takohesha me njerëz, të ndihesha pjesë e asaj bote të pafund që më kishte shndërruar në një të burgosur në shtëpinë time.

Vasili, bashkëshorti im, i dashuri im, i cili gjithmonë kishte qenë mbështetje dhe ngushëllim, kishte planifikuar një surprizë për mua. Një fluturim me helikopter mbi Manhattan. Kjo ishte diçka që kisha ëndërruar gjithmonë, por ndihesha si e shkatërruar. Nuk mund të përballoja idenë të hipja në një helikopter, dhe ndihesha sikur çdo gjë që mund të ndodhte do të më mundonte. E pashë gjithçka si një kërcënim. I luta Zotit të mos ndodhte kjo surprizë. Të dy udhëtuam drejt vendit ku helikopteri na priste, por, për fat të keq, mundësia e fluturimit ishte vetëm me një helikopter pa dyer, dhe kështu nuk mundëm të ngjiteshim.

Ata momente, si çdo moment tjetër në atë periudhë, ishin plot tension dhe frikë. Po, më vonë, pas gjithë atij stresi, drita erdhi nga vendi i duhur. Mami, babi, motra dhe tezja më mbuluan me dhurata, dhe Vasili, që nuk më linte asnjëherë vetëm, kishte porositur një darkë speciale për të na e sjellë në shtëpinë e prindërve të mi. Kjo më dha njëfarë rehatie. Më duhej të isha me ta, pasi vetëm pranë tyre ndihesha e sigurt.

Për fat të keq, dita që kisha pritur me padurim ishte mbushur me një mori ndjenjash që nuk mund të kontrolloja. Pas kësaj, çfarë ndodhi? Dola për pak në natyrë, në një vend pranë ujëvarës së Croton-on-Hudson. Aty ndjeva diçka që nuk e kisha ndjerë prej kohësh—një ndjenjë të vogël lehtësimi, që do të thoshte se ndoshta do të kaloja. Por frika ishte gjithmonë aty. Ajo s'ndalej.

Në shtator, u regjistrova për terapi dhe fillova të punoj me një psikolog. Kjo ishte një hap i madh për mua. Isha fillimisht e pasigurt, por pas çdo seance ndihesha më e hapur dhe e gatshme të bëja përparim. Por terapia kishte një çmim, një çmim që për mua ishte shumë i lartë në atë kohë—230 dollarë për çdo seancë. E cila ndodhte një herë në javë. Kjo ishte një sfidë tjetër që më vendoste përpara një dileme të rëndë, por për mua, ia vlente. Isha aty për të ndihmuar veten time. Ishte një luftë për jetën time. Isha e lodhur nga të jetuarit në një ferr të krijuar nga mendimet dhe frikërat e mia.

Psikologu më këshilloi që të largohesha sa më shumë nga rrjetet sociale. Kjo ishte një sfidë tjetër e madhe. Ishim mësuar të jetonim në atë botë të sajuar të rrjeteve sociale, që më pas më bëri të ndjehesha akoma më e vetmuar. Me shumë mundim, mbylla Facebook dhe Instagram. E dija që nuk mund të vazhdoja kështu, duke parë jetën e të tjerëve të shkëlqyer, ndërkohë që po zhytesha gjithnjë e më shumë në errësirën time. E pyetjet ishin të pafundme, dhe gjithçka që mund të bënin ishte të spekulonin mbi jetën time, mbi atë që ndodhte brenda katër mureve të shtëpisë time. Dikush mund të kishte menduar që ndoshta nuk ishim në harmoni me bashkëshortin tim, që mbyllja e rrjeteve sociale ishte një sinjal i ndarjes. Po, sigurisht, ky ishte vetëm një dënim i të tjerëve që tentonin të përdornin jetën time për t'u ngjitur më lart në një botë virtuale që ishte larg çdo realiteti të vërtetë.

Në atë moment, më shumë se kurrë, i kuptova pasojat e ndarjes nga e vërteta dhe vlerën e privatësisë. Për të gjithë ata që mund të kërkojnë ta shohin jetën tuaj si një spektakël, dua të them me gjithë zemër: **"Ju lutem, për të mirën tuaj, mbajeni çdo gjë të jetës tuaj private. Nuk është e nevojshme të tregoni çdo moment, çdo detaj të jetës që keni, as të falsifikoni asgjë për t'u dukur të lumtur në sytë e të tjerëve. Lumturia e vërtetë është ajo që e ndani me ata që janë pranë jush, me ata që i doni dhe që ju duan, me ata që e ndajnë jetën tuaj të përditshme dhe vlerat që kanë rëndësi."**

Unë e kuptova këtë mësim me dhimbje. Disa njerëz që i konsiderova miq, të cilët mendova se ishin aty për mua, nuk mund të më mbështesnin kur kisha më shumë nevojë. Ata ishin të zënë me jetën e tyre, duke e jetuar atë sipas standardeve të saj, pa e kuptuar se sa shumë po vuaja në heshtje. E di që nuk do të dua më të jem pjesë e kësaj dinamike. Në fund të fundit, miqtë e vërtetë janë ata që janë aty për ty në momentet më të vështira, jo ata që të bëjnë të ndihesh keq për atë që ke, apo që të thonë se duhet të bësh diçka që nuk ndihesh mirë ta bësh.

Një shembull i pastër i kësaj mbështetjeje të vërtetë ishin katër shoqet që i njoha vetëm për 3-4 muaj në punën time. Ato ishin aty për të përjetuar vuajtjet e mia, duke më mbajtur kokën lart në punë dhe duke më inkurajuar pozitivisht, pavarësisht gjithçkaje që po kaloja. Nuk ishte e lehtë të qëndroja e fortë, por ato ia dolën ta bënin këtë më të lehtë për mua. Sidomos Florina Pupla, që unë e quaj "engjëlli i kësaj bote". Ajo ishte aty për mua, më mbështeste me fjalë të ngrohta dhe më ndihmonte të kaloj çdo ditë, edhe kur nuk mund të gjeja forcën për ta bërë vetë. Harrova të shtoj dhe shoqen time te femijërisë, Marina Afmeti, që jetonte në Shqipëri në atë kohe, e cila ska ndaluar së më shkruari perditë se si une ndihesha.

Por ajo që më ndihmoi të kaloj në ditët më të vështira ishte përkushtimi dhe dashuria e familjes dhe e bashkëshortit tim. Pas çdo krize, pas çdo sulmi paniku, ai ishte aty për mua. Vasili, i cili nuk më la asnjëherë të bie. E mbaja fort dorën e tij dhe thosha: "Aman, më shpëto, Vasil." Ai shpesh qante me mua, duke më thënë se do të kalonte gjithçka, se do të kalonim dhe këtë së bashku. Isha një grua e shkatërruar, me mendime që më mundonin, me frikën që më shtrëngonte frymën. Çdo ditë ishte një betejë e vështirë. Stomaku më peshonte, koka ishte e mbushur me hije të zeza, dhe më dukej se nuk mund të dilja më nga ky rreth vicioz.

Për shumë kohë, e vështirësoja të flisja për atë që po ndodhte brenda meje. Ata që ishin afër meje më pyetnin, "Çfarë të shqetëson?", por përgjigjja ishte gjithmonë e pamundur. Si mund ta shpjegoja ndjenjën që më mbërthente, që më bënte të ndihesha si të isha e mbyllur në një kafaz të pafund? E vetmja përgjigje ishte që ndihesha e humbur, që isha larg vetes sime.

Luhatje ankthioze

Pas disa kohësh, për të filluar të ndihesha më mirë dhe për t'u adaptuar me ndryshimet që po ndodhnin, vendosëm bashkë me psikiatrin, të rrisnim dozën e ilacit Lexapro nga 2.5 mg në 5 mg. Trupi filloi të adaptohej me këtë ndryshim, dhe për fat të mirë, efektet anësore filluan të largoheshin. Ishte një periudhë kur fillova të ndihesha më e përqendruar dhe më koherente, por gjithsesi, ndihesha si një njeri që po e luftonte ende demonin brenda vetes. Megjithatë, një tmerr i vazhdueshëm që nuk më braktisi asnjëherë ishin makthet e natës dhe endrrat e frikshme që më shoqëronin çdo natë. Çdo gjë kishte një aromë të frikshme që më bënte të ndihesha e humbur në botën time.

Gjatë seancave të psikoterapisë, psikologu më sugjeroi që të provoja yoga ose meditimin. E provoja, por për mua, yoga nuk funksionoi. Ndonëse vizitoja shumë ferma, gjithçka që shihja ishte një fantazmë, një grua që po shikonte veten jashtë trupit të saj. Çdo gjë dukej e paprekshme, sikur nuk mund të arrija të lidhem më me realitetin. Vetëm kur nxirrja fytyrën nga dielli, ndihesha për një moment sikur po merrja frymë lirisht. Aty, kuptova diçka – dyshimet e mia se mund të kisha mungesë të vitaminës D dhe anemia nga mungesa e hekurit, ishin gjithnjë e më të forta. Ishte një obsesion që më mundonte, dhe gjithçka përpiqesha të bëja për ta kapërcyer ishte të ndryshoja diçka në trupin tim. Dhe ja, dyshimet për mungesën e Vitaminës D dhe anemia nga mungesa e hekurit u aprovuan pas një analize gjaku në një klinikë private në Shqipëri. Unë kisha mungesë shumë të madhe vitamine D dhe kjo mungesë sillte ankth, ndryshime të humorit dhe lodhje të tepërt. Po ashtu, kisha anemia nga mungesa e hekurit për të cilat mora kurë.

Në nëntor, mora një vendim të madh për të ndryshuar: vendosa të filloj meditimin me një instruktore të Flushing Meditation, Rebeken. Ishte si një çlirim i papritur. Pas çdo meditimi, ndihesha sikur po heqja një peshë të madhe nga trupi, sikur po e largoja një ngarkesë të madhe që kishte mbetur për shumë kohë. Ndihesha më e lirë, më e qetë. Disa simptoma të ankthit që më kishin shoqëruar për kohë të gjatë – ngushtimi i fytit, ndjesia që kisha qime në fyt, dhe ndjenja globale e tensionit – filluan të largoheshin gjithashtu. Po shikoja përmirësim, dhe po kaloja më shumë momente pa frikë.

Një sekret që dua t'ju tregoj ju lexuesve të dashur të këtij libri është se të gjitha kursimet që kisha ruajtur, ishin harxhuar për të sjellë kurimin tim mendor. 149 dollarë në muaj ishin një shpenzim i madh për meditimin, por ato ishin investimi më i rëndësishëm për shëndetin tim. Aty, pranë njerëzve që kishin përjetuar të njëjtat probleme, gjeja veten time. Nuk paragjykoja asnjë, dhe askush nuk më paragjykonte. Ndihesha pjesë e diçkaje më të madhe, një komuniteti që e kuptonte dhe që përjetonte po aq dhimbje dhe vuajtje sa unë.

Udhëtimi im i parë me avion, për më shumë se shtatë orë, ishte për në New Mexico, Santa Fe, në tetor. Kam menduar se do të kisha shumë ankth, por, për habinë time, nuk ndjeva asnjë frikë. Ajo ditë ka qenë dita e Amerikaneve Native, dhe për herë të parë pas shumë kohësh, e shijova çdo moment, pa ndjenja të frikshme që më mbanin peng.

Pastaj, në nëntor, kam udhëtuar për në Greqi. Pas tetë vitesh e gjysmë, im shoq do të takonte familjen e tij dhe, pas dymbëdhjetë vitesh, vellain e tij të madh. Ky ishte një moment që kishte një kuptim të madh për të, pasi kishte kaluar shumë kohë pa i parë. Po ashtu, vajza e dajës së Vasilit po pagëzonte djalin e saj dhe do të mblidheshim të gjithë në këtë gëzim të madh. Ishte vetëm një fundjavë, por ankthi ishte më i paketuar në mesin e shumë njerëzve. Shpeshherë, kur je rreth të tjerëve, nuk ndihesh aq i ndarë dhe i humbur sa kur je vetëm.

Dhe më në fund, po realizohej një tjetër ëndërr e madhe për mua... të shkonim për Krishtlindje në Shqipëri. Me 21 dhjetor, udhëtuam drejt Shqipërisë, dhe planet që kishim bërë me Vasilin për të vizituar vende të ndryshme u prishën papritur. Unë dhe Vasili u semurum shumë. Përfunduam në spital, të dy me ftohje të rënda. Unë mora injeksion, ndërsa Vasili mori ilaçe. Çrregullimet e ankthit, atakët e panikut dhe ftohja që u shtua, u bënë një kombinim i tmerrshëm që më mbanin të lidhur dhe të bllokuar.

E cfarë tjetër do të ndodhte me ne? Po këto pyetje mbeten në hije, duke pritur përgjigjen që kurrë nuk erdhi...

LUFTA ME HEQJEN E LEXPRO (ANTIDEPRESANTIT)

Përballja me OCD dhe Mendimet Intruzive: Një Luftë e Pashpallur me Vetveten

Një nga periudhat më të vështira të jetës time ka qenë kalimi nëpër uljen e dozës së Lexapro, duke kaluar nga 5mg në 2.5mg. Ky proces ka qenë i ngadaltë, por i nevojshëm për të rifituar kontrollin mbi trupin dhe mendjen time. Ndërkohë që ishte një vendim i rëndësishëm, përjetova një rritje të shqetësimeve psikologjike që më kanë shoqëruar gjatë gjithë kohes; çrregullimi obsesiv-kompulsiv (OCD) dhe mendimet intruzive. Çdo ditë ishte një përpjekje për të ruajtur stabilitetin dhe për të përballuar një vorbull të pafundme mendimesh të miksuara që përplasen vazhdimisht dhe shkaktonin dhimbje të vazhdueshme emocionale. Pas çdo periudhe të ndryshimeve në dozë, truri im ndihej si një labirint, ku çdo mendim kishte një pasojë e mundshme, edhe kur ato ishin të paqëndrueshme dhe irracionale.

Një nga pjesët më të vështira të kalimit nëpër këtë periudhë ishte se OCD dhe mendimet intruzive u bënë një shpërthim i madh në jetën time. Ato më pushtonin çdo ditë, duke më bërë të dyshoja në çdo veprim që bëja. Mendimet më të tmerrshme që më përndiqnin ishin ato që kishin lidhje me dëmtimin e dikujt, për të lënduar veten ose të tjerët. Ky ishte një "Harm OCD" që më bënte të dyshoja në çdo lëvizje, çdo mendim, dhe që më bënte të frikësohem nga mundësia që, pa e dashur, të bëja diçka të keqe. Isha gjithmonë në tension, gjithmonë në frikë që mund të ndodhte diçka që nuk mund ta kontrolloja.

Frika që, ndoshta, mund të bëja diçka të papranueshme, edhe kur e dija që nuk kishte asnjë mundësi reale që të ndodhte, ishte gjithmonë aty. Dhe, pavarësisht se këto mendime ishin të paqëndrueshme, ato më merrnin në një cikël të pafund, ku çdo veprim kishte pasoja të mundshme dhe nuk mund të kthehesha më pas. Isha gjithmonë duke luftuar me mendimet dhe ndihesha sikur isha e bllokuar në një rreth vicioz—kur përpiqesha të largohesha nga mendimet, ato ktheheshin me forcë edhe më të madhe. Ndihesha e paralizuar nga mendimet që nuk mund t'i kontrolloja, edhe pse pjesa tjetër e trurit tim e dinte që ato ishin irracionale.

Për të përballuar këto mendime, kisha nevojë për ndihmë. Frymëmarrja e thellë dhe teknikat e grounding ishin disa nga mënyrat që më ndihmuan të qetësoja mendjen dhe të përballem me ankthin. Meditimi, gjithashtu, më ndihmonte të kthehesha në momentin e tanishëm dhe të largohesha nga ajo "loop" që më tërhiqte në mendime të errëta. Dhe, një nga elementët që më shpëtoi ishin kalimet e shumta jashtë në natyrë. Kur isha rreth pemëve, ndihesha e lidhur me diçka më të madhe se vetja ime—ajri i freskët, gjelbërimi dhe qetësia që më rrethonte më jepnin forcën për të vazhduar.

Një shembull i dukshëm nga përvoja ime mund të jetë një moment kur mendimi i tmerrshëm më përndiqte: "Po do të lëndoja dikë, edhe pa dashur." Ky ishte një mendim që më vinte përsëri dhe përsëri, duke e mbajtur trurin tim të bllokuar dhe duke më bërë të ndihesha e pasigurt. Edhe pse e dija që nuk doja të bëja asnjë dëm, ai mendim kthehej sërish dhe më shoqëronte gjatë gjithë ditës. Çdo veprim që bëja, çdo lëvizje që merrja, mund të më kujtonte atë mendim të tmerrshëm, dhe pasiguria rritej. Pse kjo frikë e vazhdueshme? A do të bëja ndonjëherë një veprim që nuk do ta mund ta kontrolloja? Këto mendime ishin si një bllokadë që nuk mund ta kaloja, dhe gjithçka që bëja duke luftuar me to, ndihesha edhe më e varur nga ato.

Ky proces, i ashtuquajturi "Harm OCD", është një manifestim i një çrregullimi që lidhet me ndjeshmërinë e tepruar ndaj mundësisë së rrezikut dhe dhunës. Ajo që ndodhi ishte se truri im filloi të krijonte një lidhje mes mendimeve të paqëndrueshme dhe veprimeve të mundshme, duke shkaktuar një përvojë të tmerrshme që më bënte të dyshoja në çdo veprim të thjeshtë.

Edhe kur e dija që nuk doja të bëja asgjë të keqe, truri im vazhdonte të shpërndante këto mendime, dhe ky cikël i pafund fillonte të dominojë jetën time. Edhe pse isha plotësisht e vetëdijshme që këto mendime ishin të gabueshme dhe të pasakta, ato vazhdonin të më përndiqnin, duke më bllokuar në një spirale të pasigurisë dhe ankthit.

Aspekti Psikologjik dhe Shkencor i OCD dhe Mendimeve Intruzive

Psikologjikisht:

Harm OCD është një formë e çrregullimit obsesiv-kompulsiv, ku individi ka mendime obsesive që janë të frikshme dhe lidhen me mundësinë e dhunës ose dëmtimit të dikujt, qoftë veten apo të tjerët. Ky lloj çrregullimi krijon një konflikt të brendshëm të vazhdueshëm, ku individi e di që këto mendime janë të gabueshme dhe irracionale, por ato nuk mund të largohen. Ky lloj cikli mund të bëhet më i fortë pas ndryshimeve të dozës së ilaçeve, siç ndodhi me mua kur kam ulur dozën e Lexapro. Truri i individëve që vuajnë nga OCD ka një aktivitet të shtuar në ato zona që lidhen me shqetësimet dhe pasigurinë. Mendimet obsesive bëhen më të forta, dhe kjo ndikon në rritjen e frikës dhe pasigurisë.

Psikologjikisht, një pjesë e këtij mekanizmi është frika e humbjes së kontrollit, e cila ndodh kur mendimet që lidhen me dhunën janë të pandalshme. Individët me Harm OCD shpesh ndihen përgjegjës për mundësinë që ndodhi diçka të keqe, edhe pse nuk duan ta shkaktojnë. Ky është një aspekt thelbësor i çrregullimit, ku individi mund të mendojë se mendimi është po aq i rëndësishëm sa veprimi, dhe mund të ndihen fajtorë për mendimet që kanë.

Shkencore:

Nga një këndvështrim shkencor, OCD është një çrregullim që lidhet me aktivitete të ndryshme në disa pjesë të trurit, përfshirë korteksin prefrontal, që lidhet me vendimmarrjen dhe kontrollin e impulsit, dhe struktura të tjera që lidhen me frikën dhe emocione. Disa studime sugjerojnë se OCD ka një komponent gjenetik dhe se individët që vuajnë nga ky çrregullim kanë një aktivitet të shtuar në këto zona të trurit.

Mendimet obsesive dhe intruzive, si ato të lidhura me Harm OCD, kanë të bëjnë me një hiperaktivitet të trurit, ku ndodhin reagime të tepruara ndaj mundësisë së rrezikut dhe dhunës. Kjo ndodh pavarësisht se këto mendime janë të gabueshme dhe irracionale, por truri vazhdon t'i trajtojë ato si një kërcënim real. Ky aktivitet i shtuar trunor, i lidhur ngushtë me frikën dhe shqetësimin për humbjen e kontrollit, është ajo që krijon këtë përvojë të pasigurisë dhe ankthit që trupi dhe mendja e individit nuk mund ta shpërndajnë, edhe kur ata janë plotësisht të vetëdijshëm për irracionalitetin e këtyre mendimeve.

Kjo është arsyeja pse këto mendime nuk janë thjesht "mendime" — ato janë pjesë e një reagimi të thellë neurobiologjik, një tërheqje për të kontrolluar diçka që është jashtë mundësive të trurit, duke krijuar një spirale të panatyrshme të ankthit dhe frikës.

Lexapro (Escitalopram): Efektet Anësore, Avantazhet dhe Disavantazhet

Çfarë është Lexapro?

Lexapro (Escitalopram) është një ilaç i përdorur kryesisht për trajtimin e depresionit, çrregullimeve të ankthit, dhe disa çrregullimeve të tjera emocionale. Ai bën pjesë në grupin e ilaçeve të njohura si **Inhibitorë të Rikthimit të Serotoninës (SSRI)**, të cilët veprojnë duke rritur nivelet e serotoninës në tru, një neurotransmetues që ka një rol të rëndësishëm në rregullimin e humorit dhe emocioneve të njeriut.

Në këtë artikull, do të shqyrtojmë përfitimet dhe efektet anësore të Lexapro për t'ju ndihmuar të merrni një vendim të informuar nëse ky ilaç është i përshtatshëm për ju.

Avantazhet e Lexapro

I. Efikasiteti në Trajtimin e Depresionit dhe Ankthit:

- Lexapro është i njohur për efektet e tij të mira në trajtimin e **depresionit** dhe **ankthit**. Studimet kanë treguar se shumë individë përjetojnë një përmirësim të dukshëm të simptomave të ankthit dhe depresionit brenda disa javësh pas fillimit të trajtimit.
- Ai është gjithashtu i efektshëm në trajtimin e çrregullimeve të ankthit të përgjithshëm, çrregullimeve obsesivo-kompulsive (OCD), dhe ankthit social.

II. Mund të Përdoret Afatgjatë:

- Për shumë individë, Lexapro mund të jetë një ilaç që mund të përdoret për periudha të gjata, për aq kohë sa monitorimi mjekësor është në vend. Ai mund të ndihmojë individët të menaxhojnë simptomat e çrregullimeve të ankthit dhe depresionit në një mënyrë më të qëndrueshme dhe të kontrollueshme.

III. Disa Efekte Anësore Më të Lehta Se Të Tjerë SSRI:

- Ndryshe nga disa ilaçe të tjera të grupit SSRI, siç është Prozac, Lexapro ka një profil të përgjithshëm më të butë të efekteve anësore. Kjo do të thotë se shumë përdorues nuk përjetojnë efekte të forta anësore gjatë periudhës së trajtimit.

IV. Rritja e Serotoninës në Tru:

- Si një inhibitor i rikthimit të serotoninës, Lexapro ndihmon për të balancuar nivelet e serotoninës në tru, gjë që mund të ndikojë pozitivisht në humorin, emocionet dhe mirëqenien shpirtërore.

Disavantazhet e Lexapro

I. Efekte Anësore Të Mundshme:

- **Probleme me stomakun**: Shumë njerëz mund të përjetojnë efekte anësore si **të përziera**, **të vjella**, **diarre** ose **kapsllëk**. Këto mund të jenë efekte të përkohshme dhe shpesh kalojnë pas disa ditësh, por janë shqetësuese për disa individë.
- **Çrregullime të gjumit**: **Pagjumësia** ose gjumi i shqetësuar janë efekte të zakonshme anësore. Disa mund të ndiejnë lodhje ose të kenë gjumë të shqetësuar gjatë trajtimit.
- **Probleme seksuale**: Një efekt anësor i zakonshëm i SSRI-ve është ndikimi në dëshirën seksuale dhe mundësia e **vështirësive për të arritur orgazmën** ose **ulje të libidos**.
- **Pesha**: Disa individë mund të shohin **rritje të peshës** gjatë përdorimit të Lexapro, për shkak të ndryshimeve metabolike që shkakton ilaçi (Nga përvoja personale kam shtuar gati 10 kilogram).

II. Rreziku i Sindromës së Tërheqjes:

- Nëse **ndalon përdorimin e Lexapro papritur**, mund të përjetosh **simptoma të tërheqjes**, përfshirë **dhimbje koke**, **marramendje**, **djersitje të tepruar**, **ndryshime të humorit**, dhe **lodhje**. Prandaj, është shumë e rëndësishme që ulja e dozës të bëhet gradualisht, sipas udhëzimeve të mjekut.

III. Mund të Përkeqësojë Simptomat në Fillim të Përdorimit:

- Disa individë mund të përjetojnë një **përkeqësim të ankthit dhe shqetësimeve emocionale** në fillim të trajtimit me Lexapro. Ky fenomen është përkohësor dhe zakonisht përmirësohet pas disa javësh, por mund të jetë shumë shqetësues për individët që po kalojnë këtë periudhë.

IV. Rreziku i Sindromës Serotoninergjike:

- Në raste të rralla, përdorimi i Lexapro mund të shkaktojë një gjendje të quajtur **sindromi serotoninergjik**, i cili mund të jetë një gjendje kërcënuese për jetën. Ky sindrom ndodh kur nivelet e serotoninës në trup rriten shumë dhe mund të shkaktojë simptoma të rënda si **marramendje**, **nxehtësi të lartë trupore**, **dridhje**, **konfuzion**, dhe **rrahje të shpejta të zemrës**. Nëse ndodhin këto simptoma, është e rëndësishme të kërkoni ndihmë mjekësore menjëherë.

V. Ndikim tek të Rinjët:

- Tek fëmijët dhe adoleshentët, përdorimi i Lexapro mund të shoqërohet me **rritje të mendimeve të vetëvrasjes** dhe sjelljes të rrezikshme. Ky është një efekt që është parë më shpesh në fillim të përdorimit të ilaçit dhe ka bërë që mjekët të jenë shumë të kujdesshëm kur e përshkruajnë këtë ilaç për këtë grupmoshë.

Përfundim:

Lexapro është një ilaç i përdorur gjerësisht për trajtimin e depresionit dhe ankthit, dhe ka treguar efektivitet të madh në shumë individë. Megjithatë, si çdo ilaç tjetër, ai ka efekte anësore të mundshme dhe rreziqe, dhe është shumë e rëndësishme që përdorimi i tij të monitorohet nga një mjek.

Nëse po mendoni të përdorni Lexapro, është e rëndësishme që të konsultoheni me mjekun tuaj dhe të diskutoni për efekte anësore të mundshme, përfitimet dhe rreziqet që mund të ndodhin. Nuk duhet të ndërpritet përdorimi i ilaçit papritur dhe çdo ulje e dozës duhet të bëhet gradualisht dhe me udhëzim mjekësor.

Një mjek mund t'ju ndihmojë të përcaktoni nëse Lexapro është ilaçi i duhur për ju dhe si mund të menaxhoni më mirë trajtimin tuaj për të pasur një jetë më të shëndetshme dhe të ekuilibruar emocionalisht.

MËNYRA MENAXHIMI TË ANKTHIT, OCD DHE ATAKËVE TË PANIKUT

Rekomandime për Menaxhimin e Ankthit, OCD dhe Atakëve të Panikut: Eksperienca Ime Personale

Ankthi, çrregullimi obsesivo-kompulsiv (OCD), dhe atakët e panikut janë disa nga çrregullimet më të zakonshme të shëndetit mendor që mund të prekin çdo individ, pavarësisht moshës ose statusit. Ato mund të shkaktojnë ndjenja të forta frike, pasigurie, dhe shqetësimesh që ndikojnë në jetën e përditshme. Si një femër që kam kaluar vetë përmes këtyre përvojave, dëshiroj të ndaj me ju disa nga metodologjitë dhe mjetet që më kanë ndihmuar për të menaxhuar këto shqetësime dhe që kanë provuar të jenë efektive edhe për të tjerë.

1. Terapia Kognitive-Biheviorale (CBT)

Terapia Kognitive-Biheviorale (CBT) është një metodë shumë efektive për trajtimin e ankthit dhe OCD-së. Kjo terapi fokusohet në njohjen dhe ndryshimin e mendimeve dhe sjelljeve që kontribuojnë në këto shqetësime. Përmes CBT, individët mund të mësojnë të identifikojnë mendimet negative dhe të pasakta, dhe t'i zëvendësojnë ato me mendime më të shëndetshme dhe realiste.

- **Eksperienca ime personale**: Kur u përballa për herë të parë me mendimet obsesive dhe ankthin, CBT më ndihmoi të kuptoj se shumë prej mendimeve që më shqetësonin ishin të pasakta dhe të ekzagjeruara. Ky proces më ndihmoi të mësoj se si t'i sfidoj ato dhe t'i zëvendësoj me një perspektivë më të qartë dhe më të ekuilibruar.

- **Çfarë mund të bëni**:
- Identifikoni mendimet që shkaktojnë ankth dhe OCD. Pyetni veten: "A është ky mendim i vërtetë?" dhe provohuni të ndryshoni mënyrën se si e shihni situatën.
- Praktikoni **eksponimin e kontrolluar**: Ndihmon të përballeni gradualisht me situata që shkaktojnë frikë dhe ankth, por pa kryer rituale kompulsive (për OCD). Me kalimin e kohës, do të kuptoni që ankthi fillon të zvogëlohet.

2. Ekspozimi Gradual dhe Terapia e Ekspozimit për OCD

Një teknikë shumë e përdorur për trajtimin e **OCD** është terapia e ekspozimit, e cila përfshin përballjen e individëve me mendimet obsesive ose situatat që shkaktojnë ankth, por pa u angazhuar me ritualet kompulsive që shpesh i shoqërojnë ato. Ky është një proces gradual, që kërkon durim dhe angazhim.

- **Eksperienca ime personale**: Kur përballesha me mendime të forta obsesive, si ato që kishin të bënin me **harm OCD** (frikën se do të bëja dëm tek vetja ose tek të tjerët), ekspozimi gradual ishte një mënyrë që më ndihmoi të dilja nga cikli i frikës dhe të filloja të besoj se nuk isha në rrezik. Kjo kërkonte shumë durim dhe besim në proces, por me kalimin e kohës, ndjeva një ulje të ndjeshme të ankthit.
- **Çfarë mund të bëni**:
- Filloni me situata më pak shqetësuese dhe përpiquni të përballoni mendimet obsesive pa bërë asnjë ritual kompulsiv. Me kalimin e kohës, do të bëheni më të fortë dhe do të mund të përballoni më shumë sfida pa e ndjerë ankthin kaq të fortë.

3. Mindfulness dhe Meditimi për Menaxhimin e Ankthit dhe OCD

Mindfulness është një praktikë që u ndihmon individëve të jenë të pranishëm në momentin e tanishëm dhe të pranojnë mendimet dhe ndjenjat pa u angazhuar me to. Kjo është një metodë shumë e dobishme për menaxhimin e ankthit dhe OCD-së, pasi ndihmon në uljen e intensitetit të mendimeve obsesive dhe frikës.

- **Eksperienca ime personale**: Kur ndihesha i mbingarkuar nga mendimet obsesive, meditimi dhe praktikat e mindfulness më ndihmuan të kontrolloja reagimet e mia emocionale. Kjo më mundësoi të dilja nga cikli i mendimeve të panumërta dhe të përqendrohesha në momentin e tanishëm.
- **Çfarë mund të bëni**:
- Praktikoni **meditimin e udhëzuar** për disa minuta çdo ditë. Përdorni frymëmarrjen e thellë dhe fokusohuni në mendimet dhe ndjenjat tuaja pa i gjykuar ato.
- Përdorni **mindfulness** kur ndiheni të tensionuar. Mund të përdorni thjesht frymëmarrjen për të qetësuar veten dhe për të përballuar momentet e ankthit.

4. Trajtimi i Atakëve të Panikut: Terapia e Ekspozimit dhe Frymëmarrja e Thellë

Atakët e panikut janë shpesh shumë shqetësuese dhe mund të shkaktojnë ndjenja të frikës ekstreme dhe ndonjëherë edhe simptoma fizike si dhimbje gjoksi, marrje fryme, dhe dridhje. Megjithatë, ka disa teknika që mund të ndihmojnë në menaxhimin e këtyre atakëve dhe zvogëlimin e ndikimit të tyre.

- **Eksperienca ime personale**: Gjatë atakëve të panikut, ndihesha i frikësuar dhe i pafuqishëm, por frymëmarrja e thellë dhe fokusimi në momentin e tanishëm, si dhe kalimi i kohës në natyrë, më ndihmuan të rimarr kontrollin mbi situatën.

- **Çfarë mund të bëni**:
- **Frymëmarrja e thellë**: Kur ndiheni se një atak paniku po afron, përpiquni të kontrolloni frymëmarrjen tuaj duke marrë frymë thellë dhe ngadalë. Kjo ndihmon në uljen e nivelit të stresit dhe rritjen e ndjesisë së kontrollit.
- **Eksponimi gradual** ndaj situatave që mund të shkaktojnë panik, si kalimi në ambiente të ngarkuara, mund të ndihmojë për të reduktuar frikën dhe ankthin që lidhet me to.

5. Journaling (Shkrimi i Mendimeve)

Shkrimi i mendimeve dhe shqetësimeve tuaja në një fletore është një mjet i fuqishëm për të ndihmuar në procesimin dhe shpërndarjen e emocioneve të vështira. Kjo mund të ndihmojë në kuptimin e më shumë të vetes dhe në zvogëlimin e barrës emocionale që vjen nga mendimet e trazuara.

- **Eksperienca ime personale**: Shkrimi i mendimeve më ka ndihmuar të procesoj ndjenjat dhe të shoh situatën nga një këndvështrim tjetër. Përmes shkrimit, kam mësuar të vlerësoj dhe të transformoj mendimet obsesive në mendime më pozitive dhe më të pranueshme.
- **Çfarë mund të bëni**:
- Shkruani çdo mendim që ju vjen në mendje. Ky proces mund të ndihmojë në ndihmën e përpunimit të mendimeve obsesive dhe ndjenjave që krijojnë ankth.
- Pas shkrimit, mund të provoni të transformoni mendimet e trazuara në mendime më pozitive. Për shembull, mund të shkruani: "Po, kjo është një mendim që më shqetëson, por nuk është e vërtetë. Unë kam kontroll mbi reagimet e mia."

6. Ekspozimi në Natyrë

Kalimi i kohës jashtë dhe në natyrë ka përfitime të mëdha për shëndetin mendor dhe mund të ndihmojë në uljen e stresit dhe ankthit. Kjo mund të jetë gjithashtu një mundësi për të praktikur **mindfulness** dhe për të përmirësuar gjendjen shpirtërore.

- **Eksperienca ime personale**: Ndihesha shumë më e qetë dhe më e relaksuar kur kalova kohë në natyrë, sidomos duke u përpjekur të meditoj dhe të jem prezent në moment. Duket se natyra ka një mundësi të veçantë për të larguar mendimet shqetësuese dhe për të na ndihmuar të ndjehemi të qetë.
- **Çfarë mund të bëni**:
- Shkoni për shëtitje në parqe ose mundohuni të qëndroni në hapësira të hapura dhe të gjelbra, ku mund të relaksoheni dhe të përqendroheni në frymëmarrjen tuaj dhe ambientin përreth.

7. Largimi nga Social Media dhe Ekrani i Telefonit

Një tjetër faktor që mund të ndihmojë në menaxhimin e ankthit dhe OCD është të hiqni dorë nga përdorimi i tepërt i mediave sociale dhe ekraneve. Shpesh herë, social media dhe ekranet e telefonave shtojnë presionin dhe ndikojnë në nivelet e stresit dhe ankthit.

- **Eksperienca ime personale**: Përdorimi i tepërt i social media ishte një nga faktorët që ndihmonte në rritjen e ankthit tim. Kur vendosa të kufizoj kohën që kaloja online, fillova të ndihem më e qetë dhe më e fokusuar.
- **Çfarë mund të bëni**:
- Përcaktoni kohë të kufizuar për përdorimin e mediave sociale dhe telefonave. Mundohuni të kaloni më shumë kohë të angazhuar në aktivitete fizike ose shoqërore, pa përdorur ekranet.

8. Ushqimi dhe Nutricioni për Shëndetin Mendor

Një dietë e shëndetshme është thelbësore për të mbështetur shëndetin mendor. Ushqimi mund të ndikojë drejtpërdrejt në humorin dhe nivelin e stresit.

- **Eksperienca ime personale**: Kam vënë re se kur kam konsumuar ushqime të shëndetshme, kam pasur më shumë energji dhe ndihesha më mirë emocionalisht. Ushqimi që ndihmon trurin, si acidet yndyrore omega-3, ka një ndikim pozitiv në gjendjen time shpirtërore.

- **Çfarë mund të bëni**:
- Konsumoni ushqime që përmbajnë **vitamina B**, **magnez**, dhe **omega-3** (si peshk, arra, perime jeshile) që ndihmojnë në mbështetje të shëndetit të trurit.
- Shmangni ushqimet që përmbajnë shumë sheqer dhe kafeinë, pasi ato mund të shtojnë ndjenjat e ankthit dhe të ndikojnë negativisht në gjumin tuaj (mund të pini kafe decaf pa kafeinë ose mund ta lini komplet kafen ashtu sikurse kam vepruar unë).

9. Sfida ndaj OCD: Shkrimi dhe Kthimi i Mendimeve Obsesive

Një nga teknikat e efektshme për të sfiduar OCD është të shkruani mendimet obsesive dhe t'i ktheni ato në mendime më pozitive. Ky është një proces i rëndësishëm për të marrë kontrollin mbi mendimet që ndodhin shpesh dhe që shkaktojnë ankth.

- **Eksperienca ime personale**: Ky ishte një nga mjetet që më ndihmoi të kapërcej pasigurinë dhe frikën që vinte nga mendimet obsesive. Të shkruaja dhe të provoja të transformoja mendimet më negativiste në më pozitive ishte një hap i rëndësishëm për mua.
- **Çfarë mund të bëni**:
- Kur keni një mendim obsesiv, shkruajeni atë dhe më pas përpiquni ta sfidoni atë me një mendim më real dhe pozitiv. Për shembull, nëse keni mendimin "Nëse nuk i bëj ritualet kompulsive, diçka e keqe do të ndodhë", mund ta ktheni atë në një mendim si: "Nuk ka prova që ritualet kompulsive i japin siguri, dhe mund të jetoj pa to."

Përfundim:

Menaxhimi i ankthit, OCD dhe atakëve të panikut është një proces që kërkon përkushtim, durim dhe strategji të ndryshme. Terapitë si CBT, ekspozimi gradual, mindfulness, journaling dhe ndryshimet në stilin e jetesës mund të ofrojnë mbështetje të rëndësishme në përballjen me këto shqetësime. Kërkoni gjithmonë ndihmë nga profesionistët dhe mos harroni se, me durim dhe mbështetje, është e mundur të arrini një ekuilibër të brendshëm dhe një jetë më të qetë dhe më të balancuar.

SHKRIME TE DOKUMENTUARA GJATE SULMEVE TE PANIKUT DHEQ CRREGULLIMIT TE ANKTHT

Dashuria Nën Pushtimin e Frikës

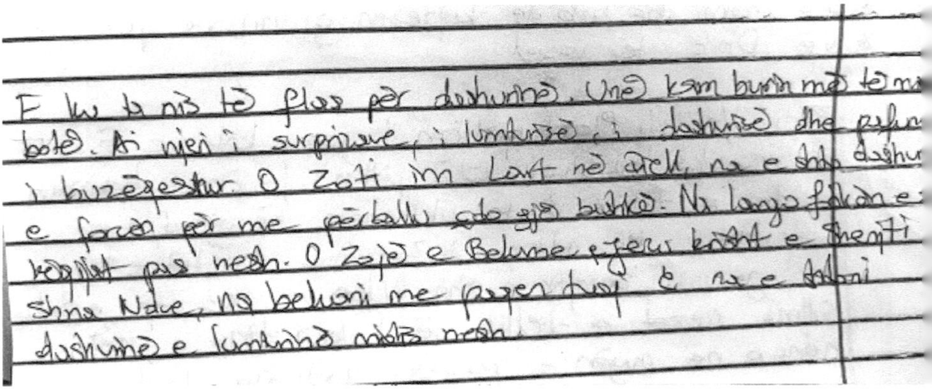

E ku ta nis të flas për dashurinë. Unë kam burin më të m[illegible]
botë. Ai njeri i surprizave, i lumturisë, i dashurisë dhe [illegible]
i buzëqeshur. O Zoti im Lart në qiell, na e shtij dashu[illegible]
e forcën për me përballu çdo gjë [illegible]. Na largo frikën e [illegible]
[illegible] pas nesh. O Zoja e Bekume, [illegible] krahët e Shenjti
Shna Ndue, na bekoni me paqen tuaj e na e falni
dashurinë e lumturinë mbi nesh

Ajo e Martë e Hidhur...

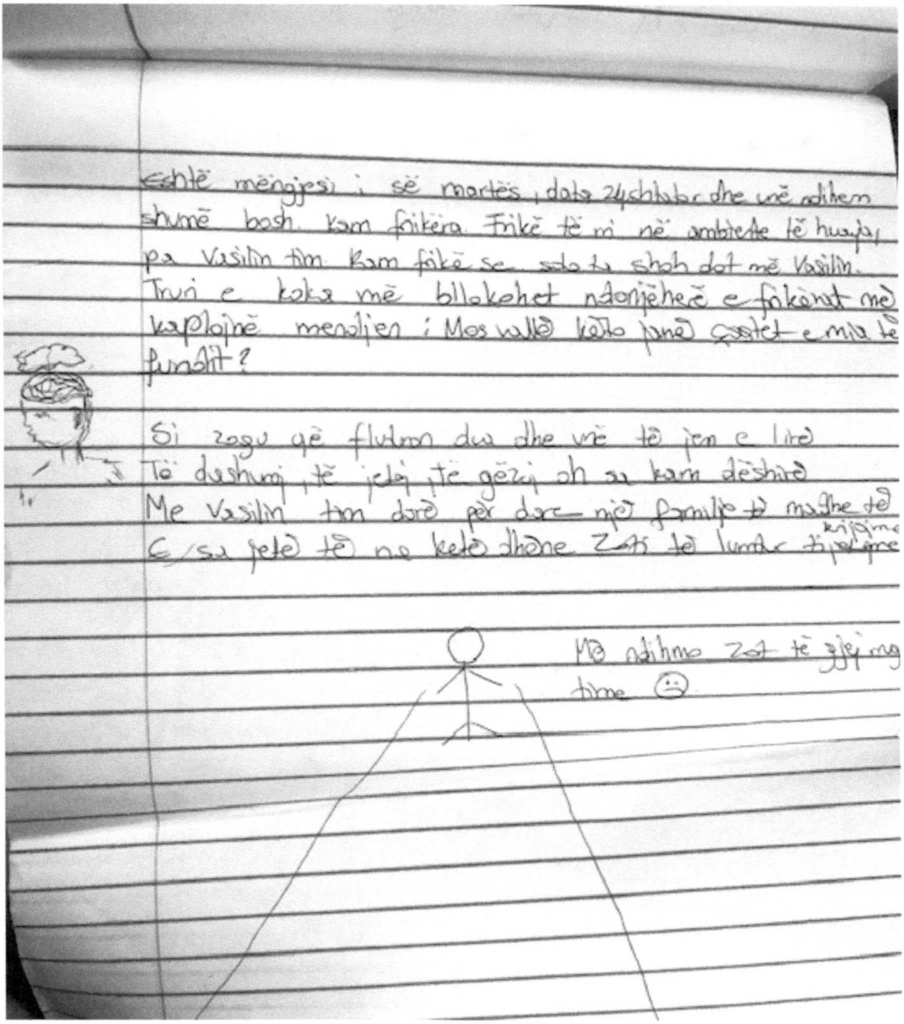

Harroje... Je e lumtur...E Hënë....................E Martë

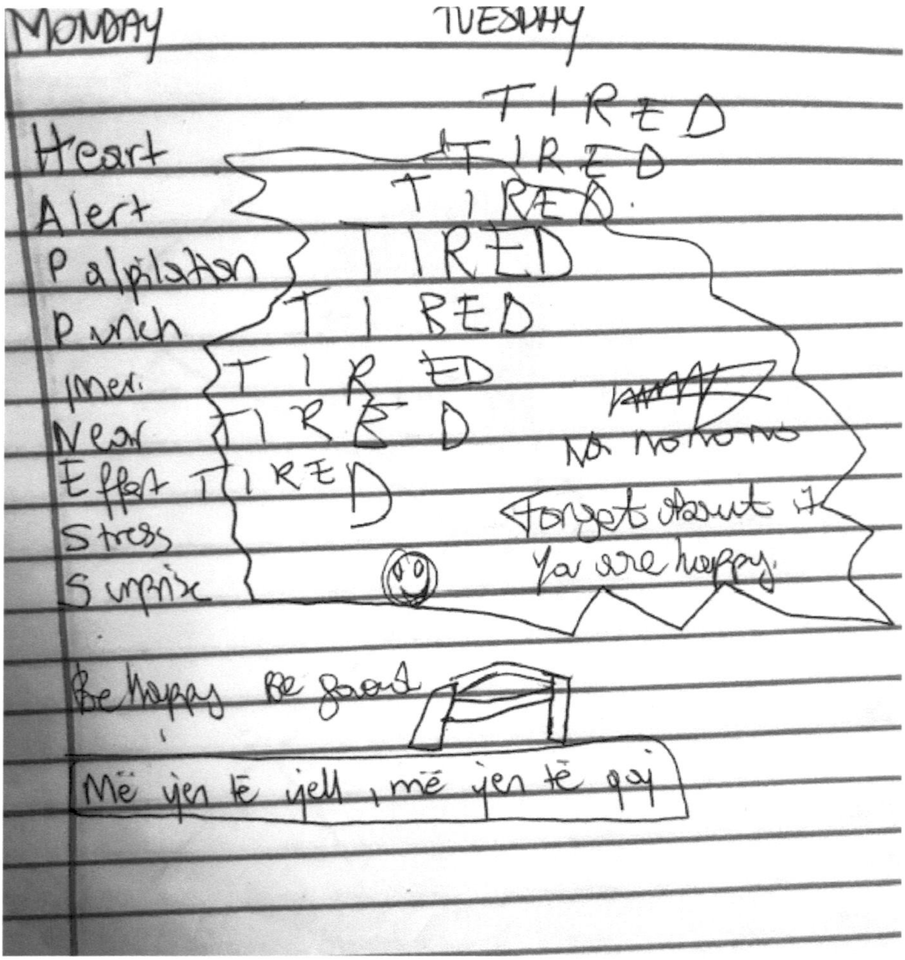

Mirëmëngjes O e Enjte

Mirëmëngjes O e Enjte

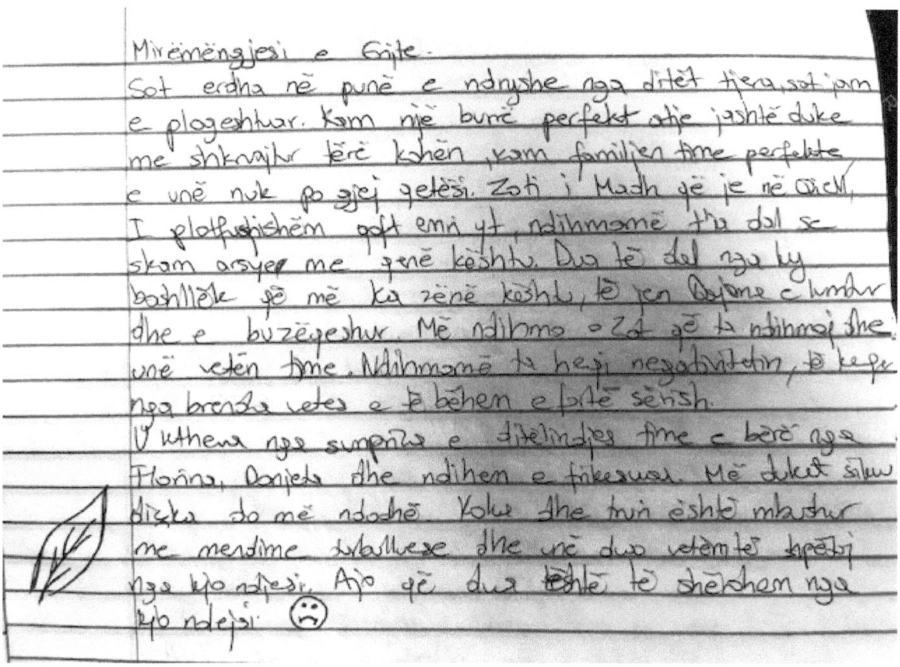

Mirëmëngjesi e Enjte.
Sot erdha në punë e ndryshe nga ditët tjera, sot jam
e plogeshtuar. Kam një burrë perfekt që jashtë duke
me shkruajtur tërë kohën, kam familjen time perfekte
e unë nuk po gjej qetësi. Zoti i Madh që je në qiell,
I plotfuqishëm qoft emri yt, ndihmomë t'ia dal se
s'kam arsye me qenë kështu. Dua të dal nga ky
boshllëk që më ka zënë kështu, të jem Bojone e lumtur
dhe e buzëqeshur. Më ndihmo o Zot që ta ndihmoj dhe
unë veten time. Ndihmomë ta heqi negativitetin, të keqe
nga brenda vetes e të bëhem e fortë sërish.
U kthena nga surpriza e ditëlindjes time e bërë nga
Florina, Donjeta dhe ndihem e frikesuar. Më duket sikur
diçka do më ndodhë. Koka dhe truri është mbushur
me mendime turbulluese dhe unë dua vetëm të shpëtoj
nga kjo ndjesi. Ajo që dua tështë të shërohem nga
kjo ndejsi ☹

Lista e Mrekullive Të Jetës Sime Nën Trysninë e Ankthit...

Lista e Mrekullive Të Jetës Sime Nën Trysninë e Ankthit...

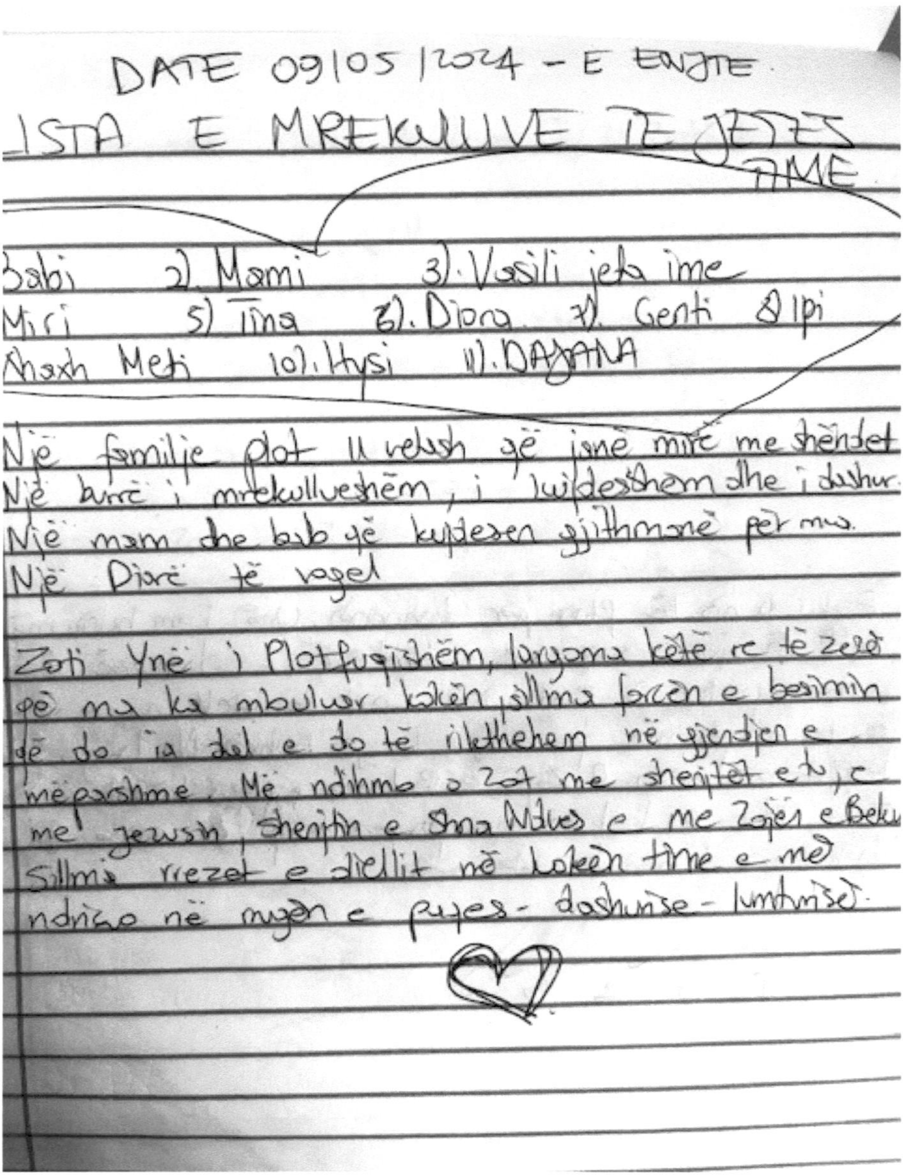
DATE 09/05/2024 - E ENJTE.

LISTA E MREKULLIVE TË JETËS IME

Babi 2) Mami 3). Vasili jeta ime
Miri 5) Tina 6). Diona 7). Genti 8) Ipi
Gjysh Meti 10). Hysi 11). DAJANA

Një familje plot 11 veta që janë mirë me shëndet
Një burrë i mrekullueshëm, i kujdesshëm dhe i dashur.
Një mam dhe bab që kujdesen gjithmonë për mua.
Një Dionë të vogel

Zoti Ynë i Plotfuqishëm, largoma këtë re të zezë që ma ka mbuluar kokën, sillma forcën e besimin që do ia dal e do të rikthehem në gjendjen e mëparshme. Më ndihmo o Zot me shenjtët e tu, e me Jezusin, Shenjtin e Shna Ndues e me Zojën e Bekuar. Sillmi rrezet e diellit në kokën time e më ndriço në rrugën e paqes - dashurisë - lumturisë.

All I Want is To Be As I Was...

ALL I WANT IS TO BE AS I WAS AND TO LOVE MY ... AS MUCH AS I CAN.

Ndonjëherë Ndihem Sikur Nuk Jam Këtu...

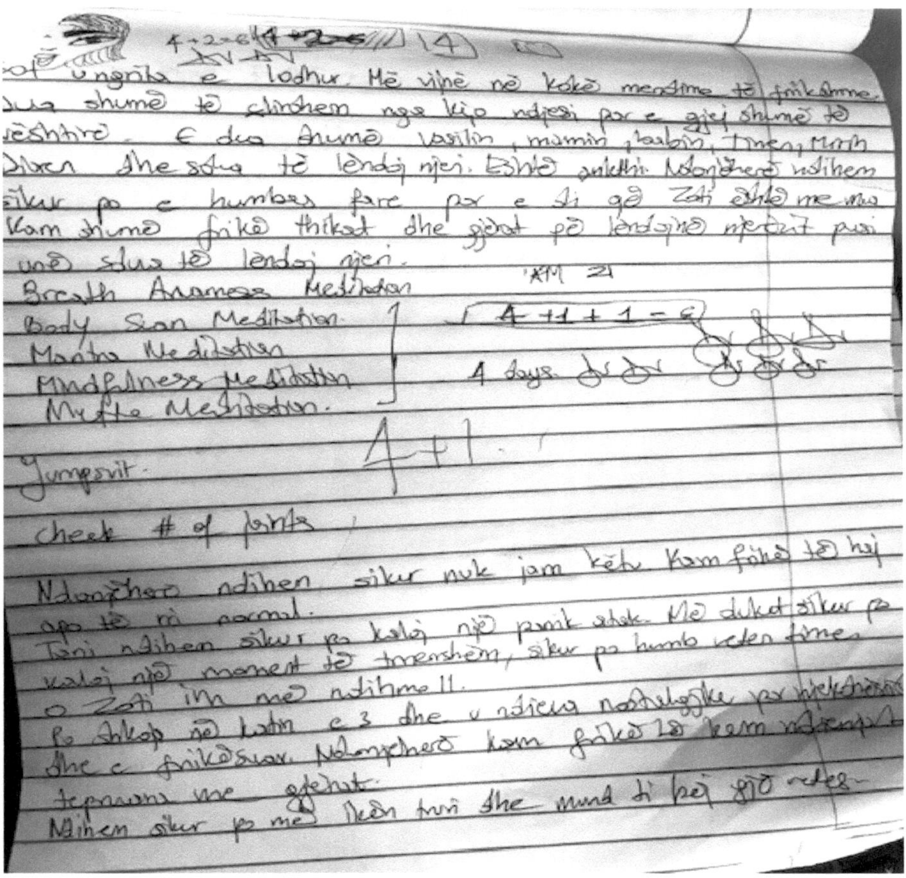
Breath Awareness Meditation
Body Scan Meditation
Mantra Meditation
Mindfulness Meditation
4 + 1 + 1 = 6
4 days
4 + 1
check # of ...

Epilog

Ankthi nuk u zhduk plotësisht. Ai ende troket herë pas here, ndonjëherë më butë, ndonjëherë më fort. Por ndryshimi më i madh është se tani e njoh, e kuptoj dhe nuk i trembem më njësoj. Nuk është më një përbindësh që më ndjek në errësirë, por një hije që kam mësuar ta pranoj pa lejuar që të më kontrollojë.

Ky rrugëtim nuk kishte një shërim të menjëhershëm. Nuk kishte një moment magjik ku gjithçka u bë e lehtë. Ishte një proces—një përballje me frikën, një mësim për të jetuar përtej saj. Dhe mbi të gjitha, ishte një rikthim tek vetja, tek ajo Dajana që dikur mendonte se ishte zhdukur përgjithmonë.

Nëse ka një gjë që kjo përvojë më ka mësuar, është se forca nuk është mungesa e frikës, por aftësia për të ecur përpara pavarësisht saj. Dhe sot, unë vazhdoj të eci—me më shumë vetëdije, më shumë qetësi dhe mbi të gjitha, me më shumë shpresë.

Dajana

Pasthënie

Ky libër është një dëshmi e betejës me ankthin dhe panikun—një betejë që shumë prej nesh e përjetojnë në heshtje. Kur e shkrova, mendova se ishte vetëm historia ime, por e kuptova se nuk jam e vetme. Ka shumë njerëz që ndihen të humbur brenda mendimeve të tyre, duke kërkuar një rrugëdalje.

Nuk kam gjetur të gjitha përgjigjet, por kam mësuar diçka të rëndësishme: **ankthi nuk është fundi i rrugës, por një pjesë e saj.** Drita ekziston, edhe kur nuk mund ta shohim.

Për ata që ende luftojnë: **ju nuk jeni vetëm dhe nuk jeni të dënuar të jetoni përgjithmonë në ankth.** Vazhdoni të ecni përpara—një ditë, një hap, një frymëmarrje në një kohë.

Me forcë dhe shpresë,
Dajana

Gjithashtu nga Dajana Neziri

"Beteja me Ankthin dhe Çrregullimet e Atakut të Panikut"

"Beteja me Ankthin dhe Çrregullimet e Atakut të Panikut" është një rrëfim i ndershëm dhe i thellë mbi luftën e heshtur me ankthin, frikën dhe panikun. Përmes përvojës së saj personale, **Dajana Neziri** na çon në një udhëtim nga errësira e pasigurisë drejt dritës së pranimit dhe forcës së brendshme. Një libër që prek zemrat dhe ofron shpresë për të gjithë ata që po luftojnë betejën e tyre të padukshme.

www.ingramcontent.com/pod-product-compliance
Lightning Source LLC
LaVergne TN
LVHW021232071026
849580LV00001BC/343
* 9 7 9 8 3 4 9 3 3 1 6 9 5 *